SALVIOANNUNZIATO ERICA DEL MONTE

Cambia il tuo cavallo con un click

PRIMO MANUALE
PER L'ADDESTRAMENTO DEL CAVALLO
TRAMITE IL CLICKER TRAINING

INDICE:

Manuale contenente vita vissuta e praticità per l'utilizzo efficace del clicker training in funzione all'addestramento ed educazione del cavallo, e non solo.

Maneggiare con cura.

Per la realizzazione di questo progetto vorrei ringraziare:

- Erica, che non solo ha insistito perché io lo scrivessi, ma perché poi l'ha anche scritto. Senza di lei tutto questo non sarebbe stato possibile.
- I nostri genitori e le nostre famiglie.
- Chiara, per avermi supportato (e sopportato) e per la gioia con cui accoglie ogni nuova sfida.
- Tania, la mia eterna amica nemica, un punto di riferimento.
- Francesca – Francesca.rossi_photography per aver colto l'anima di tutti noi.
- Lucrezia – lucreziatestaiannili per l'Arte in ogni suo scatto
- Paolo e Sara per i preziosi consigli.
- Valentina, per la disponibilità e l'aiuto professionale e testuale.
- Valentina, detta Wallie, per aver accettato di condividere la storia del suo cavallo in queste righe.
- Valentina, l'altra ancora, la farmacista.
- I ragazzi della Gulliver e relative famiglie per il loro impegno e la loro dedizione.
- Non di meno tutti quelli che direttamente o indirettamente ci hanno aiutato, condividendo con noi gioie e fatiche: Davide, Igor, Veronica, Vanessa; Daniele; Francesca, Roberta, Il Contadino Nick e Ilary, Claudia con Riccardo, Claudia con Enzo, Maicol, Alvise e se mi sono dimenticato qualcuno è colpa mia. Per i meriti, invece, rivolgersi direttamente a Erica.

Dedicato a tutti quelli che amano la Vita in tutte le sue forme e le sue manifestazioni. Dedicato a tutti i curiosi, a quelli che non si accontentano di un'opinione ma hanno bisogno di un'esperienza. A tutti quelli che, se da bambini gli fosse stato regalato un giocattolo, lo avrebbero smontato tutto per capire cosa ci fosse dentro e come funzionava. Dedicato a quelli che non si accontentano di accettare le cose come vengono proposte, ma che si pongono delle domande, e molto spesso non si accontentano neanche delle risposte. Dedicato a tutti i sognatori che sono diventati vincenti perché non hanno mai mollato, ma anche ai vinti che non hanno intenzione di mollare.

1 PREMESSA

LA STRADA VERSO IL CLICKER TRAINING

"Quale sia la nostra strada lo sappiamo solo dopo averla percorsa"

G. Soriano

Sono nato con un grande amore per gli animali. Fin da piccolo, per la gioia della mia cara mamma, raccoglievo qualsiasi esserino in difficoltà e me lo portavo a casa: rondini, passerotti, merli, gattini, lucertole, cagnolini e pipistrelli... insomma, chiunque fosse pennuto, peloso o squamoso senza distinzioni, chiunque avesse un presunto bisogno di aiuto. Inoltre, ero totalmente rapito dalla bellezza e maestosità dei cavalli, li disegnavo ovunque, ma amavo moltissimo anche i cani. Questa mia passione contrastava prepotentemente con il contesto in cui vivevo: sono nato e cresciuto ai bordi della periferia di Napoli... "dove i tram non vanno avanti più". Nella mia cerchia sociale il fatto di avere un animale era assolutamente inutile, oltre che fuori discussione, ma il mio sogno era quello di avere un cane, e crescendo e diventando indipendente il mio desiderio divenne quasi una necessità e alla fine... (che poi fu solo l'inizio) ... ebbi finalmente il mio primo cane, si chiamava Paco ed era un Terranova. Un ricettacolo di problematiche comportamentali di 55Kg: non ascoltava niente e nessuno, scappava, aggrediva gli altri cani, assaliva le persone, come aprivo il cancello di casa se la svignava e correva per chilometri e più lo chiamavo e più lui correva. Diciamo che il fatto di avere un cane me lo ero immaginato diverso. Ma è proprio grazie a lui che ho iniziato a pormi delle domande, a chiedermi perché il mio amato Paco si comportasse come un ...cane sciolto?!

Ho iniziato a cercare centri in cui potessi risolvere le nostre problematiche, e girando un bel po' io e Paco ci imbattemmo in una scuola di Soccorso in Acqua, dove per la prima volta sentii parlare di "metodo gentile".

Ovviamente, mi si aprì un mondo nuovo, peccato che il mio cane non fosse altrettanto entusiasta e stimolato. Sapevo che quella era la strada giusta, ma mi mancavano dei tasselli per poter comprendere appieno Paco, e per questo iniziai ad approfondire il comportamentismo. Grazie ad una serie di percorsi formativi capii che le problematiche del mio Paco derivavano *in primis* da una deprivazione sociale subita da cucciolo, che unita a componenti caratteriali, caratteristiche individuali e mole, costituivano il mix perfetto per avere in casa la progenie del demonio.

Durante la mia spasmodica ricerca di risposte partecipai ad un corso di "Obedience", una disciplina che esalta le capacità di apprendimento del cane, al quale vengono richiesti esercizi anche molto complessi, e il relatore propose per il giorno successivo uno stage di clicker training al quale decisi di aderire. Come la mia prima esperienza da proprietario di un cane, anche il primo approccio con il clicker training me lo aspettavo diverso. In effetti, non ne compresi l'utilità, non capii a che cosa servisse e non lo percepivo risolutivo in relazione alle problematiche di Paco, così non lo utilizzai. Solo l'anno successivo, tramite un'amica che gestiva un centro cinofilo, presi parte ad un clinic tenuto da Kay Laurence, braccio destro di Karen Pryor, la fondatrice e sostenitrice della formazione basata sul clicker training, commissaria per il Governo degli Stati Uniti, specializzata in psicologia comportamentale e biologia dei mammiferi marini nonché autrice di una serie di testi a dir poco illuminanti per chi come me era in cerca di risposte.

Con una premessa così non potevo che essere letteralmente investito da tutta una serie di informazioni esplicative, chiare e precise, e finalmente le mie domande iniziarono ad avere delle risposte.

L'aspetto che mi colpì più di tutti di questo metodo è che Karen Pryor lo aveva utilizzato per addestrare i grandi mammiferi marini prima di riapplicarlo ai cani, l'addestramento non serviva solo per l'apprendimento e l'esecuzione di esercizi ma anche per imparare e attuare comportamenti utili per la loro medicazione e cura, come porgere la pinna per il prelievo del sangue, aprire la bocca per il controllo del cavo orale e dell'esofago, stare fermi per il controllo dello sfiatatoio. Sapere che era possibile insegnare tutto questo a degli animali che non solo non vivono nel nostro stesso elemento, ma hanno una mole e una forza che non si può certo gestire facendogli indossare un collare e tenendoli al guinzaglio, mi dischiuse gli occhi su una nuova prospettiva: forse il mio obiettivo di controllo e conduzione di Paco non era poi così irraggiungibile.

Contestualmente a queste esperienze iniziai a frequentare anche il mondo dell'equitazione e presto mi resi conto che il punto di vista del cavallo non era tenuto abbastanza in considerazione. Grazie a tutto quello che avevo vissuto con Paco tra cui: nuotate nel fango, risse tra cani, escursioni per campi fuori programma e vita del postino messa a repentaglio, avevo iniziato ad analizzare anche i comportamenti dei cavalli con occhi "diversi". Mi è capitato spesso di avere a che fare con proprietari di cavalli che lamentavano problemi di gestione la cui risoluzione era probabilmente affidata ad un intervento Divino, visto che nessuno se ne occupava realmente, cavalli che siccome "non funzionavano" venivano rimessi in box, umani in balia delle decisioni dell'equino e ancora cavalli addestrati tutti con gli stessi criteri senza distinzione di temperamento, trascorsi soggettivi, razza, caratteristiche fisiche e componenti caratteriali.

Per la verità ero un po' perplesso perché le indicazioni con annesse giustificazioni che mi fornivano le persone che avevano molta più esperienza di me nell'ambito equestre non sempre mi convincevano, comunque decisi di acquistare il mio primo cavallo, per la precisione una cavalla: Petunia. Lei era una Selle Francais di cinque anni dal mantello color sauro bruciato, (ai tempi, sereno e ignaro, non conoscevo le dicerie popolari che descrivono le saure come caratteriali, arroganti, difficili e testone!) 170 cm al garrese, un impulso straordinario e una spiccata attitudine al salto, la disciplina che praticavo ai tempi. Bella come il sole, dura come la verità.   Una cavalla giovane e performante, veloce e agile come una gazzella e con una potenza esplosiva che mi risultava difficile gestire: prendeva la mano, schizzava come un coniglio impazzito, giocava agli autoscontri con gli altri cavalli in campo, attaccava i salti... ero di nuovo in difficoltà. Petunia come Paco... sarà la lettera "P"?! Fatto sta che il mio punto di interesse si volse di nuovo alla motivazione di questi comportamenti, mi rendevo conto che la problematica non era mai stata addestrativa, ma comportamentale. La situazione tipo durante i concorsi prevedeva che al suono della campanella Petunia perdesse letteralmente la testa puntando a tutta velocità qualsiasi cosa le sembrasse un ostacolo (recinzioni comprese) e soprattutto dirigendosi di spron battuto (benché gli speroni non li vedesse nemmeno da lontano) verso l'uscita. A onor del vero la situazione in allenamento a casa era un po' più gestibile, il rischio maggiore erano gli altri cavalli e cavalieri in campo che potevano essere urtati, tamponati e travolti quando Petunia entrava nella "fase di off". Grazie a lei iniziai a sperimentare quanto appreso sul clicker training anche sui cavalli, il nostro percorso fu una vera e propria palestra per lo studio, la comprensione e l'utilizzo del rinforzo positivo, utilizzandolo come metodo risolutivo per moltissime problematiche che mi è capitato di incontrare successivamente nella mia esperienza di animal trainer. Petunia ha sfatato almeno due dicerie popolari che sentivo ripetere ai tempi: la prima è che non si danno premi in cibo ai cavalli perché imparano a mordere, e la seconda è che le cavalle saure non sono poi così male.

A proposito, volete sapere come è andata a finire con Paco? Dopo tutte le vicissitudini che ci hanno unito, seguendo la metodologia adeguata a tutte le sue caratteristiche e lavorando con il clicker training abbiamo risolto le sue impasse caratteriali restando insieme per dodici anni. Oltre che nel mio cuore adesso la sua storia è in queste pagine, perchè la sua vita ha per sempre cambiato la mia e, credo, quella di tanti altri animali che ho avuto la fortuna di incontrare.

2

IL METODO POSITIVO

Chi di noi a scuola non ha sentito parlare di metodo? "Ci vuole metodo di studio", oppure: "tu non hai metodo" e ancora "non serve imparare la lezioncina a memoria, ci vuole metodo!" In questa accezione, METODO, è la chiave per aprire la porta dell'apprendimento, il libretto di istruzioni per imparare, accrescere la conoscenza e consolidarla nella mente.

Quindi, per fare chiarezza, entriamo nel merito dell'applicazione di un Metodo che per definizione è un "Procedimento atto a garantire, sul piano teorico o pratico, il soddisfacente risultato di un lavoro o di un comportamento."

L'impiego del Metodo Positivo per l'addestramento e educazione del cavallo è facile ed intuitivo, chiunque seguendo le linee guida correttamente può arrivare ad ottenere dei risultati soddisfacenti e tutti i cavalli sono in grado di apprendere, senza distinzioni di età, razza, attitudini e trascorsi.

Non intendo sostenere che il Metodo Positivo funzioni meglio di altri o che sia in grado di ottenere risultati che gli altri metodi non ottengono, semplicemente attraverso l'applicazione di questo sistema è possibile costruire nel nostro cavallo la volontà di partecipare alle attività che andremo a proporgli. Mi spiego meglio…

Prendiamo come esempio il modello di vita medio di noi esseri umani: la maggior parte di noi è tenuto ad andare a lavorare, non sempre svolgendo mansioni entusiasmanti e magari anche in ambienti non sempre amichevoli. In un contesto in cui non ci troviamo bene, siamo insoddisfatti ed affaticati dal nostro lavoro, più passa il tempo e più ci logoriamo fino a ritrovarci spremuti dallo stress, pervasi dalla voglia di non fare niente e con il senso del dovere che ci trascina fino a fine giornata. Se però, a parità di mansioni e di ambiente lavorativo, la dirigenza dovesse fissare premi produzione, vacanze di merito o altri riconoscimenti, inevitabilmente la nostra percezione nei confronti del lavoro cambierebbe. Non cambia la fatica che ci è richiesta, cambia la nostra volontà nel farla. La gratificazione non alleggerisce certo il lavoro, ma in qualche modo riesce a "spingerci oltre" lo sforzo. La motivazione del cavallo funziona allo stesso modo: cambiando il nostro approccio è possibile e soprattutto facile creare un rapporto basato sulla collaborazione. Il Metodo positivo non è solo un procedimento addestrativo, è un modo di pensare, di conoscere e di agire di chi lo applica: è una Filosofia! Il fine ultimo della Filosofia del Metodo Positivo è quindi creare un rapporto relazionale propositivo caratterizzato da empatia, fiducia, onestà e buona comunicazione. Utilizzando questo metodo il cavallo sarà indotto all'ascolto: inizierà volontariamente a prestare attenzione a ciò che gli proponiamo, smetterà di cercare alternative per sottrarsi al lavoro e mostrerà interesse, impegno e applicazione. Attenzione: stiamo parlando di METODO, cioè un procedimento che segue criteri sistematici per raggiungere uno scopo. Per far sì che il nostro lavoro sia risolutivo è importante seguire delle linee guida che nel corso del libro spiegherò nei dettagli, e che ovviamente non hanno nulla a che vedere con il viziare il cavallo o somministrare premi senza una finalità. Naturalmente, se applicassimo altri metodi nell'addestramento o nell'educazione del nostro cavallo otterremmo comunque risultati e raggiungeremmo gli obiettivi prefissati, ma lavorando con il Metodo Positivo ci concentriamo sul punto di vista del cavallo, il quale spontaneamente inizierà a interagire con noi in maniera totalmente diversa. Per di più, a parità di tempo di applicazione, il metodo positivo si fissa nella mente dell'animale con una persistenza maggiore rispetto a qualsiasi altro metodo. Inoltre, decidere di gratificare i comportamenti positivi invece che castigare quelli non graditi incoraggerà gradualmente il nostro cavallo a produrre sempre più frequentemente una buona condotta abbandonando gli atteggiamenti ostili.

Premiare il comportamento desiderato piuttosto che correggere un comportamento inesatto.

Lavorare e pensare con il metodo positivo significa entrare in una forma mentis di approccio, gestione e addestramento consapevolmente basati sull'incoraggiare, consolidare e potenziare solamente ciò che ci è gradito.

22

2.A) APPLICAZIONE DEL METODO POSITIVO ATTRAVERSO L'UTILIZZO DEL CLICKER

Il clicker è un piccolo oggetto simile ad una scatoletta di plastica con dentro una linguetta di metallo che, se premuta, emette un suono bitonale (click-clack). Il clicker come metodo addestrativo, quindi il clicker training, si basa su precise teorie relative allo studio del comportamento animale, per la precisione sul Condizionamento Operante che è uno dei concetti fondamentali del Comportamentismo e si basa sull'idea che i comportamenti siano influenzati dalle conseguenze che seguono il loro svolgimento. I tre punti essenziali del condizionamento operante sono:

-uno stimolo discriminativo +

-una risposta da parte dell'animale +

-uno stimolo che fa seguito alla risposta denominata

RINFORZO.

Il "Click-clack" si utilizza per "fotografare" in maniera precisa e tempestiva il comportamento che desideriamo insegnare e soprattutto consolidare. Chiariamo ora gli importanti concetti di STIMOLI e RINFORZI.

2.B) STIMOLI e RINFORZI.

Lo stimolo è semplicemente un incentivo o un impulso che spinge un individuo ad emettere un determinato comportamento. Semplificando, possiamo affermare che uno stimolo è tutto ciò che sia in grado di produrre una risposta. Gli stimoli possono essere positivi (qualsiasi cosa sia gradevole per l'individuo in un determinato istante) o negativi (qualsiasi cosa risulti sgradevole per l'individuo in un determinato istante) e le loro caratteristiche principali sono la relatività e soggettività. Mi spiego meglio, citando alcuni esempi in modo da rendere questo concetto fondamentale il più chiaro possibile:

1. il sole di luglio è uno stimolo che mi spinge a mettermi all'ombra.

2. Il caffè buono ed il barista simpatico sono stimoli che mi spingono ad allungare un po' la strada al mattino pur di fare colazione lì.

3. I saldi sono uno stimolo che mi spinge ad aspettare qualche giorno prima di andare al centro commerciale a fare acquisti.

Analizzando questi esempi emerge la prima caratteristica dello stimolo: la soggettività. Una lucertola resterà felice sotto il sole cocente di luglio, ad una persona a cui non piace il caffè non importerà nulla di percorrere più strada di prima mattina con la perdita di tempo che comporta, ed io stesso spesso evito di andare a fare compere durante il periodo dei saldi per via del sovraffollamento nei negozi e delle code per strada.

Come ho accennato, oltre che essere soggettivo lo stimolo è anche relativo: ipotizziamo che il cibo preferito di un individuo sia il cioccolato, questo rappresenterebbe certamente uno stimolo. Ma se il suddetto individuo avesse accesso illimitato al cioccolato, dopo le prime abbuffate, lo stimolo perderebbe di interesse fino a diventare persino qualcosa di sgradito. In conclusione, lo stimolo è qualsiasi cosa che sia in grado di originare un comportamento e le sue caratteristiche sono la soggettività e la relatività.

Il rinforzo invece è un qualsiasi evento che avviene immediatamente dopo un comportamento, che aiuti a riprodurlo e faccia in modo che si ripeta. Un rinforzo serve per fare in modo di accrescere, aumentare o migliorare un dato comportamento.

Facciamo un esempio: in scuderia uno dei cavalli quando si trova in box batte le zampe anteriori contro la porta. Qualcuno per tenerlo occupato e per evitare che si faccia male, quando lo sente battere gli porta un pochino di fieno. Che comportamento è stato rinforzato? È un rinforzo educativo? Il cavallo, appena finito il fieno, se noterà del movimento in scuderia si rimetterà a battere contro la porta poiché quel comportamento gli ha procurato del fieno. È importante specificare che, in questo caso, il rinforzo (il fieno) ottenuto in maniera saltuaria (qualcuno gli dà il fieno, qualcun altro no) renderà il comportamento negativo (sbattere contro la porta del box) molto più insistente ed ostinato, perché il cavallo sa che in quel modo il suo stimolo arriverà, ma non sa quando. Analizziamo un altro caso: un cavallo non sta fermo quando è legato ai due venti. La sua proprietaria ha deciso che gli darà una carota ogni volta che starà fermo anche solo per qualche secondo, dunque il cavallo non ci metterà molto a capire che uno stimolo interessante arriverà in concomitanza con il suo stare tranquillo ai due venti. Ma, che cosa succederebbe allo stesso cavallo se la sua proprietaria appena giunta in maneggio gli portasse un secchio di carote direttamente in box, prima di iniziare qualsiasi attività? Ecco la relatività dello stimolo: per quanto possa essere goloso, dopo averne mangiato un intero secchio lo stimolo della carota non susciterebbe alcun interesse in lui, annullando un rinforzatore. Un rinforzatore è quindi uno stimolo soggettivo suscettibile a relatività elargito su un determinato comportamento.

I rinforzi possono essere di due generi: POSITIVO e NEGATIVO.

2.C) RINFORZI POSITIVI E RINFORZI NEGATIVI.

Tutto ciò premesso è facile intuire che laddove si parli di rinforzo l'origine è uno stimolo. L'azione di rinforzare è la somministrazione di uno stimolo in conseguenza ad un comportamento. Approfondiamo ora il concetto di **rinforzo positivo**: un rinforzo positivo agisce nella volontà di un individuo, costruendo in lui la determinazione di agire in un preciso modo per ottenere lo stimolo che desidera. Per un cavallo che conosce il paddock lo stimolo è la libertà: se questo cavallo quando è in box si mette a trafficare con il catenaccio (comportamento), lo fa per giungere allo stimolo (libertà). Se il cavallo dovesse riuscire a scassinare la porta del box, la libertà ottenuta dal suo comportamento sarà il rinforzo che lo indurrà a tentare di forzare nuovamente la porta del box. Questo comportamento viene definito autorinforzante: più il cavallo riuscirà nel suo intento, più le volte successive sarà caparbio nel perseguire il suo scopo. Anche il fornire dei premi in cibo durante il lavoro o durante le regolari attività di gestione dell'animale è senza dubbio un rinforzo positivo. Attenzione: abbiamo detto che il rinforzo positivo serve per fare in modo che un comportamento a noi gradito venga riprodotto, pertanto, deve essere contingente all'emissione della condotta. In pratica un rinforzo positivo deve essere immediato, cioè elargito sul comportamento, preciso, cioè arriva all'emissione dello specifico comportamento richiesto, e possibilmente adeguato cioè tanto più alto è lo sforzo richiesto, tanto più gratificante sarà il premio dispensato. A questo proposito l'utilizzo del clicker training è molto funzionale ai fini dell'addestramento, perché come anticipato ci permette di "fotografare" in maniera immediata e precisa il comportamento che vogliamo rinforzare. Dopo i primi esercizi di associazione del clicker a uno stimolo positivo sarà il "click-clack" stesso ad essere uno stimolo così potente da indurre il nostro cavallo non solo a emettere delle risposte, ma addirittura a proporre dei comportamenti.

Per chiarire tutti questi concetti faccio di nuovo un esempio: devo convincere il mio cavallo a salire sul trailer. Lui arriva a 5 metri dalla rampa e si impunta come una statua di sale. Inizialmente, ad ogni passo che il mio cavallo compirà nella direzione della rampa utilizzerò il clicker e gli darò un pezzettino di carota (rinforzo immediato e preciso), quando sarà salito sul trailer lo aspetterà un secchio di frutta e golosità (rinforzo adeguato). Agendo in questo modo ed adottando altri accorgimenti che vedremo in seguito, sarà possibile caricare il cavallo sul trailer in qualsiasi situazione, senza provocargli stress o fargli vivere esperienze negative.

Il **rinforzo negativo**, invece, determina come conseguenza l'allontanamento o la cessazione di uno stimolo negativo (vedi 1.B). La pressione della gamba sul costato rappresenta certamente uno stimolo negativo. Ad esempio, per ottenere dal nostro cavallo che si sposti lateralmente utilizziamo la pressione della gamba singola e cessiamo di premere dal momento in cui il cavallo si sposta di lato. In questo caso, l'azione di smettere la sollecitazione al costato rappresenta il rinforzo negativo. Parallelamente, per fermare il nostro cavallo "tiriamo le redini" ed esercitiamo per mezzo dell'imboccatura uno stimolo nella sua bocca o per mezzo della capezza uno stimolo sul suo muso. Quando il cavallo si ferma smettiamo di tirare le redini. Questa azione rappresenta un rinforzo negativo, quando il cavallo emetterà il comportamento che desideriamo (il fermarsi), lo stimolo negativo (la pressione dell'imboccatura o della capezza) cesserà, rinforzando così il comportamento di fermarsi. Va da sé che il novanta percento dei metodi utilizzati in equitazione si basano su rinforzi negativi e quindi la stragrande maggioranza di comportamenti emessi, anche di alta performance sportiva, nascono dall'esigenza di sottrarsi allo stimolo negativo. Torniamo al punto di vista del nostro cavallo ed alla nostra relazione costruttiva. È facile capire come un approccio, un addestramento, una gestione e quindi un rapporto costruito sull'utilizzo del rinforzo negativo riduca l'iniziativa e la partecipazione del cavallo alle attività che andiamo a proporgli. È altrettanto facile comprendere che il rinforzo negativo non è l'unica strada percorribile nel suo addestramento e nella sua educazione, e non è affatto indispensabile. Come ho già anticipato, a parità di ore di addestramento i comportamenti rinforzati in maniera positiva si fissano nella mente dell'animale in maniera più persistente, ovvero il rinforzo positivo velocizza l'apprendimento e riduce al minimo i livelli di stress. Non sto raccontando niente di inedito, anche i preparatori atletici e gli allenatori degli esseri umani tendono a sottolineare delle buone performances piuttosto che sgridare gli atleti per gli errori commessi. Studi scientifici evidenziano l'importanza dell'atteggiamento mentale dello sportivo sia in fase di allenamento sia in gara per raggiungere buoni risultati. Al di là della capacità fisica, i mental coach lavorano per far affiorare risorse emotive la cui spinta può far la differenza nel raggiungere gli obiettivi sperati. Parallelamente, un cavallo sereno gestito utilizzando il Metodo Positivo si attiverà in un circolo virtuoso in cui, motivato da una corretta gestione degli stimoli, progredirà sia cognitivamente sia fisicamente, accettando tranquillamente le attività che andremo a proporgli.

Dopo aver parlato di stimoli e di rinforzi realizziamo finalmente quanto a volte vengano rinforzati comportamenti negativi o problematici senza la minima consapevolezza e anzi, spesso le nostre azioni sono mosse dalle migliori intenzioni, ma di fatto incoraggiamo un atteggiamento che non vogliamo.

Tornando alla soggettività dello stimolo: un rinforzo, per essere chiamato tale e quindi essere assolutamente infallibile nel consolidare un comportamento, deve basarsi su uno stimolo reale attinente all'individuo considerato, relativamente al periodo e alle condizioni che sta vivendo. Prima di concludere il capitolo riguardante gli stimoli ed i rinforzi è importante fare una precisazione. Chiariamo ora un'abissale differenza:

2.D) RINFORZO NEGATIVO O PUNIZIONE?

Una punizione è, per definizione, un castigo inflitto ad un individuo che ha commesso una trasgressione o ha dimostrato cattiva condotta, allo scopo di correggerlo. Semplificando, possiamo dire che la punizione è un evento conseguenza di un comportamento che serve per diminuire e possibilmente estinguere il detto comportamento. La punizione di per sé non stimola un comportamento alternativo e non insegna modi di agire. Tornando ai nostri cavalli una punizione potrebbe essere la pacca sul muso data per far smettere il cavallo di picchiare con gli anteriori la porta del box. La pacca arriva su un comportamento che il cavallo tenderà a non ripetere per evitare di essere punito di nuovo. Occorre, però, fare una precisazione: la pacca sarà realmente una punizione solo nel caso in cui essa è per il cavallo uno stimolo realmente avversivo, cioè non desiderato. In alcuni casi, infatti, succede che, se ripetuti troppo spesso e se diventati una forma di attenzione ricevuta, anche le pacche sul muso diventano elementi rinforzanti e non più punitivi. Il rinforzo negativo, invece, come abbiamo già detto, è l'allontanamento o la cessazione di uno stimolo sgradito. La differenza tra una punizione ed un rinforzo negativo ora si fa più chiara: la punizione è qualcosa che serve per far smettere un dato comportamento, il rinforzo negativo, invece, è qualcosa che stimola ad emettere un dato comportamento.

Dopo aver parlato lungamente di stimoli e rinforzi, vedremo tra pochissimo l'applicazione pratica del clicker training. Prima però, intendo condividere alcune delle mie esperienze di Animal Trainer per esporre al meglio l'efficacia e il potenziale di questo metodo che mi ha concesso di cambiare con un click (è proprio il caso di dirlo!) la vita di animali e proprietari con i quali sono venuto in contatto.

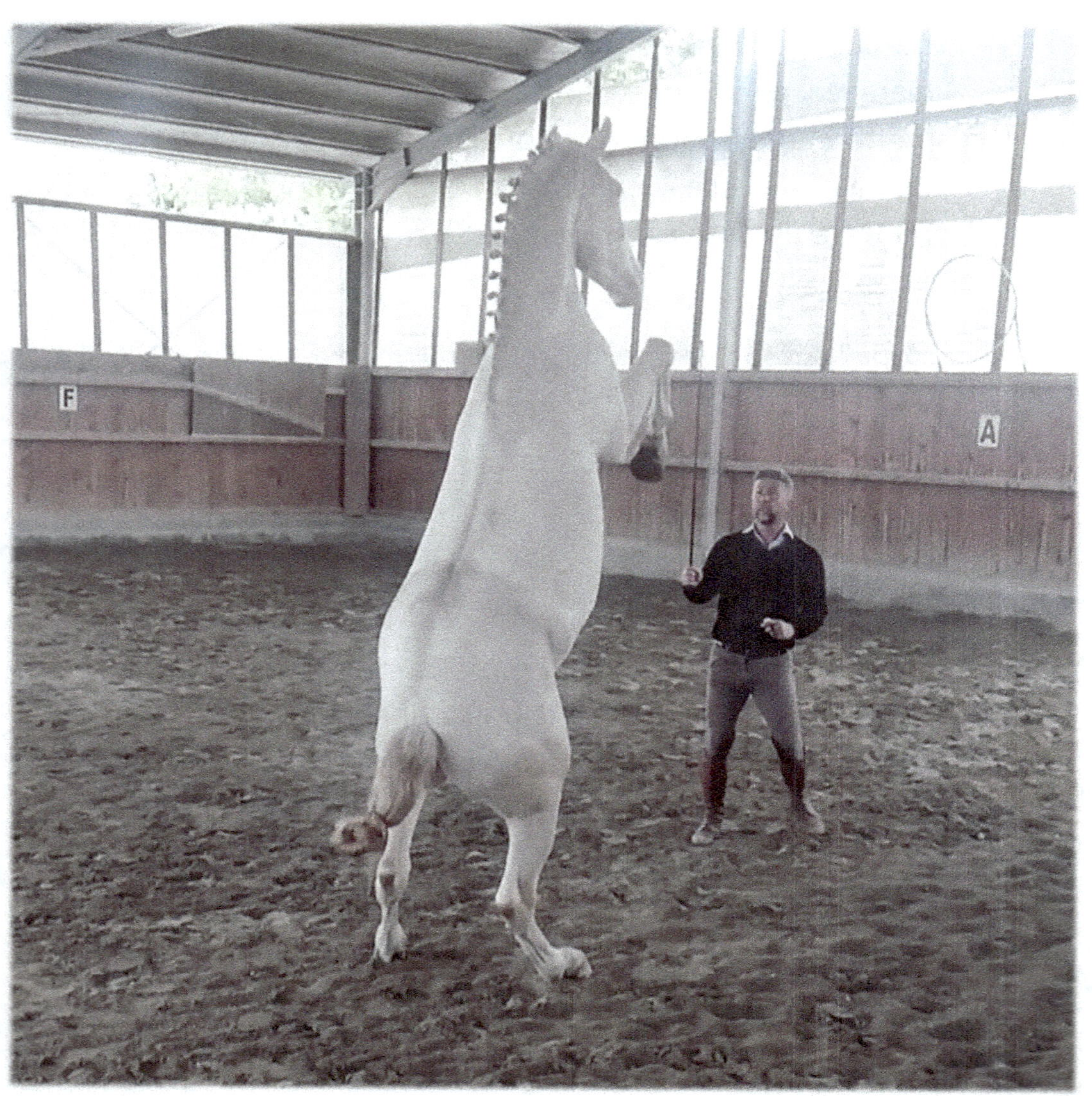

F
A

3

EPISODI DI VITA VISSUTA CON ANIMALI E CLICKER TRAINING

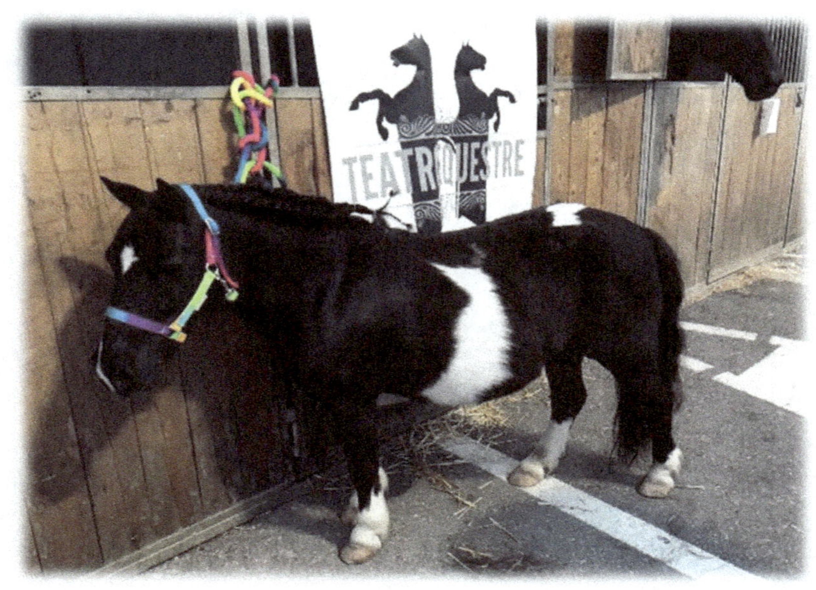

Emma

Qualche anno fa, pensando di fare cosa gradita, decisi di regalare un pony alla mia compagna con cui gestisco un maneggio e scuola di equitazione. Nel nostro centro avevamo solamente cavalli o doppi pony, ma Erica da tempo esprimeva il desiderio di avere uno Shetland come mascotte, così, senza badare troppo ai dettagli, ne trovai uno che faceva al caso nostro e per Natale arrivò Emma: un'adorabile palla di pelo e criniera (e anche ciccia) pezzata bianca e nera. Sapevo tramite il mio informatore e venditore che la pony era stata ritirata da una scuola di equitazione che aveva chiuso i battenti, quindi presupponevo che Emma fosse abituata alla

39

presenza di persone e ad essere manipolata, ma fin da subito ci accorgemmo che era piuttosto scostante e scorbutica.

Nei giorni seguenti, ci fu una conoscenza più approfondita di Emma, del suo carattere e delle sue condizioni emotive: era un pony con una tempra altissima, molto coraggiosa e dominante, arrabbiatissima con tutto il genere umano e con difese anche piuttosto pericolose (per fortuna è alta solo 90 cm!).

Alla minima pressione, come per esempio una mano posata sulla coscia con l'intento di scendere per accarezzare il garretto, calciava con una velocità ammirabile, vista la sua stazza, e con una mira da tiratore scelto. Inoltre, mordeva e in certi istanti, se non gradiva essere condotta in capezza, si impennava e rampava con la stessa precisione con cui utilizzava i posteriori. Insomma, un pony che si credeva un Percheron posseduto dal diavolo. Non vi fu altra scelta che iniziare un percorso riabilitativo per poterla introdurre nella nostra quotidianità fatta di allievi, bambini e persone con fragilità all'interno della quale in quel momento non poteva essere nemmeno lontanamente avvicinata. La prima fase che proposi ad Emma fu ovviamente l'associazione del clicker a uno stimolo positivo e iniziai per la mia sicurezza a lavorare stando sulla soglia della porta del box aperta. Come aprivo la porta del box Emma si girava mettendo in bella mostra i suoi posteriori rotondetti e appiattendo le orecchie, era chiaro che volesse essere lasciata in pace e che lo stimolo maggiore in quel momento era il vedermi tornare da dove ero venuto. Così iniziai con calma a premere il mio clicker, chiudere la porta del box e andarmene. Tornavo frequentemente con un

40

intervallo di tempo tra la mezz'ora e l'ora, e già dopo la terza-quarta sessione nella stessa giornata notai che Emma, sempre girata con i posteriori verso di me, mi scrutava con la coda dell'occhio e le sue orecchie non erano più appiattite ma mostravano una certa perplessità. Ci mise poche sessioni a rivolgersi completamente verso di me con un'aria più incuriosita che arrabbiata e meno di una settimana a indossare la capezza e ad essere condotta per il maneggio senza assalire nessuno.

Il suo percorso fu veloce soprattutto per le sue qualità caratteriali: il coraggio ed il temperamento forte uniti ad una spiccata intelligenza sono sicuramente dei punti di forza nell'addestramento di un cavallo; le stesse caratteristiche, però, se affrontate in modo brusco o aggressivo possono diventare una difesa, e nel caso di Emma una difesa pericolosa e ingestibile.

Emma con l'applicazione del clicker training ha imparato non solo a non essere più arrabbiata con gli esseri umani, ma anche un'innumerevole quantità di esercizi che svolge completamente libera, diventando la pony professoressa di clicker training della nostra scuola. In questo lungo percorso insieme è stata la star di molti spettacoli presentati da Erica e dai suoi allievi, vincendo anche un encomio speciale durante la partecipazione a un talent a Fiercavalli Verona, che ha permesso alla nostra squadra di staccare un biglietto di invito al Galà D'Oro al quale abbiamo partecipato nell'edizione del 2022.

Maya

Nella mia carriera da Animal Trainer, tra le tante esperienze, quella che ho amato di più è stata lavorare come keeper al Safari Park di Pombia ai tempi gestita dalla famiglia Triberti. Al Safari Park vivono moltissime specie di animali provenienti da tutto il mondo, molti esemplari sono stati salvati e recuperati da difficili situazioni di cattiva gestione, malnutrizione e persino maltrattamenti. Orfeo Triberti mi diede la possibilità di interagire e lavorare con molti di questi animali tra cui Maya, un'elefantessa di razza indiana di cinquant'anni. Maya si trovava in un circo a Marsiglia e dopo qualche mese di trattativa era stata liberata e trasferita al Safari park in condizioni non ottimali: era denutrita, aveva un'infezione all'arto posteriore destro ed era affetta da artrite agli arti posteriori. Assistita da un intero staff di veterinari e Keeper, l'elefantessa si ristabilì e finalmente riuscì a godere di un grande spazio tutto per lei, che comprendeva una collina intera, cibo sempre a disposizione e tutte le attenzioni di cui aveva bisogno. Recuperato il fisico però, restavano le ferite dell'anima molto più profonde e difficili da guarire. Ci fu anche un tentativo di socializzazione con altre elefantesse non andato a buon fine, gli inserimenti tra elefanti possono essere molto pericolosi. Le attività che Maya svolgeva normalmente con gli altri Keeper riguardavano routine utili per la sua cura, come aprire la bocca per il controllo del cavo orale, porgere la proboscide per il controllo della respirazione ed infilare le zampe tra le sbarre di sicurezza dietro le quali lavorava l'equipe. L'elefantessa però aveva acquisito un comportamento stereotipato (in gergo il ballo dell'orso) che consisteva nel dondolare sugli anteriori oscillando anche la testa, un chiaro comportamento sintomo di stress e frustrazione che emetteva anche se era all'esterno, nella sua collina. Per aiutarla a liberarsi da questa stereotipia mi venne un'idea: Maya stava per la maggior parte della sua giornata libera senza la presenza di Keeper ma conosceva bene il clicker training. Così pensai di utilizzare un brano musicale come sottofondo durante le sessioni di lavoro, se Maya non dondolava premevo il mio clicker e le davo delle mele, stimolo a lei molto gradito, se ricominciava con la sua stereotipia interrompevo la musica e toglievo le mele. Il mio intento era che quel preciso brano musicale fosse per lei un segnale che le dicesse non solo di non dondolare ma anche di rassicurarsi e tranquillizzarsi, in modo da poterlo riprodurre mentre era libera quando manifestava la sua stereotipia. All'inizio, quando Maya mi vedeva dondolava molto, non ero il suo solito Keeper, e in più proponevo qualcosa di insolito... ma con il passare del tempo iniziai a vedere i primi risultati: aveva appreso che il dondolio davanti a me non produceva nessun beneficio, mentre lo stare ferma sì. Purtroppo, il nostro percorso venne interrotto dalla pandemia da Covid-19, il personale all'interno del parco era ridotto e ci furono molte restrizioni, tra cui la sospensione delle mie attività con Maya che comunque stavano iniziando a funzionare. Lo step successivo avrebbe dovuto essere fare lo stesso lavoro di riproduzione del brano e rinforzo del suo stare ferma con un altro Keeper, in modo da incominciare a generalizzare (mantenere musica e mele ma cambiando la persona), per poi cambiare posto in cui veniva svolta la sessione, fino ad arrivare alla riproduzione del brano con Maya libera. Purtroppo, arrivare al termine di questo "esperimento" non è stato possibile e la domanda che mi pongo da allora è: Maya smetteva di dondolare perché aveva associato me alle mele o perché davvero aveva interpretato la musica come segnale? Probabilmente non lo scoprirò mai, oggi seguo la mia amica Maya da lontano tramite i social e so che vive felice, sempre nella sua collina, da qualche tempo con una nuova compagnia: un elefante maschio.

- **Batista De La Gesse**

Conobbi Valentina che aveva solo quindici anni, una giovane promessa dell'equitazione italiana che aveva già partecipato ad una competizione europea di dressage con la squadra children nazionale. In quel periodo aveva acquistato da poco Batista De La Gesse, un lusitano di sei anni con delle attitudini che le avrebbero consentito di proseguire la carriera agonistica. Qualcosa però in Batista, per gli amici Babo, non andava e vennero fatti una serie di esami clinici per indagare a proposito di alcune difese importanti che manifestava durante il lavoro. Il cavallo, infatti, dimostrava molto nervosismo anche se tenuto semplicemente al passo, spesso sudava al solo mettergli la sella, e montato appariva insofferente e frustrato, prendeva la mano e "sgroppate" e "smontonate" erano molto frequenti. Dagli esami, emerse che Babo era affetto da "Kissing Spines" su gran parte della schiena, una patologia spesso genetica per la quale un'anomalia nella posizione delle vertebre fa in modo che, trovandosi troppo vicine tra loro, si tocchino urtandosi l'un l'altra, specie durante il movimento, provocando dolori anche acuti.

Per Valentina fu un duro colpo, ma non intendeva assolutamente separarsi dal suo cavallo, era intenzionata a trovare un'attività che potesse fare insieme a Babo senza arrecare ulteriori danni alla sua schiena e che potesse dargli stimoli maggiori che rimanere libero a paddock per il resto dei suoi giorni, per quanto la prospettiva del paddock non sia poi così tragica per un cavallo.

Così mi venne chiesto di iniziare un lavoro in libertà e di insegnare a Valentina come utilizzare il clicker training. All'inizio non fu così facile, non tanto per Valentina che si dimostrava essere un'allieva attenta e ricettiva, quanto per Babo che manifestava livelli di stress e ansia elevati anche nella gestione da terra. Dopo la prima fase di associazione del clicker ad uno stimolo positivo durante la quale Batista apprese che poteva anche rilassarsi e che non avrebbe più provato dolore, lavorammo molto su esercizi di stretching suggeriti dal veterinario. Successivamente, iniziammo a lasciarlo libero e ci accorgemmo che il cavallo diventava sempre più curioso e propositivo ad ogni sessione di lavoro. In poco tempo, seguendo le linee guida da brava studentessa della sua età, Valentina riuscì a insegnare e rinforzare a Babo molti esercizi come il passo spagnolo, l'inchino e la levade, ma anche esercizi importanti per la sua elasticità e tonicità della schiena.

Oggi, Valentina è cresciuta ed in questi anni ha lottato e lavorato per la libertà di Batista, non lo ha liberato soltanto sollevandolo dal lavoro a sella e togliendogli la capezza ma lo ha reso libero in tutti i sensi:

libero di esprimersi, libero dall'ansia e libero dal dolore.

- **Aragon**

Il cavallo dei miei sogni quando ero bambino, era il Frisone. Ne avevo sempre desiderato uno e un giorno mi capitò, tramite un amico venditore di cavalli, di andare a vedere un gruppo di puledri appena arrivati dall'Olanda. Come sempre accade in queste circostanze partii con le migliori intenzioni: volevo solo prendere l'occasione per salutare il mio amico, fare un giro e vedere dei puledri, non ero assolutamente interessato ad acquistarne uno, anche perché un cavallo lo avevo già.

Quel giorno, tra una chiacchera e l'altra mi fecero vedere alcuni cavalli: erano veramente belli, con dei movimenti così armonici e leggeri che più che trottare sembravano accarezzare il terreno. Poi il mio amico mi disse che ne erano arrivati due molto giovani, avevano circa due anni e ovviamente non erano domati. Erano già trascorse alcune ore e pensavo di avviarmi verso casa, ma proprio mentre stavo per andare via li vidi uscire entrambi dalla scuderia sgambettando con la criniera all'aria e il classico atteggiamento fiero e vivace del Frisone. Quella fu la prima volta che vidi Aragon, dei due puledri fu il primo che mi venne esibito, inutile dire che dopo aver visto lui, l'altro cavallo non l'ho nemmeno considerato non perché non fosse altrettanto bello, ma perché non riuscivo a togliermi dalla testa Aragon. Fu come prendere uno schiaffo, Aragon era esattamente come me lo sognavo da bambino, era perfetto, era il mio cavallo. Così, anche se non era in programma e disattendendo i miei migliori propositi, il giorno stesso venne a casa con me.

Questo fu l'inizio di una vita insieme, Aragon è stato il primo cavallo che ho domato tramite l'utilizzo del ckicker training e devo dire che in molte occasioni più che insegnare io a lui, è stato lui ad insegnare a me. Avendo sempre avuto a che fare *con cavalli con una reattività molto alta, notai subito la differenza: Aragon era molto meno impulsivo e più riflessivo, a differenza dei cavalli con cui avevo avuto a che fare fino a quel momento, che prima agivano poi pensavano... invece lui prima pensava e poi agiva. Approcciandolo fin da subito con il clicker training e avendo cura di ogni suo processo cognitivo, rinforzando ogni progresso e aspettando i suoi tempi di apprendimento, fu piuttosto facile domarlo, nonostante fosse stallone, giovane, grosso e pieno di energie. Anche all'inizio, durante le prime fasi di addestramento non ci furono mai occasioni in cui abbia cercato di sottrarsi, abbia sgroppato o avuto atteggiamenti ostili, sicuramente per merito delle sue attitudini e degli standard di razza con cui i Frisoni vengono selezionati, ma anche per come queste attitudini sono state gestite ed esaltate tramite il metodo del rinforzo positivo.*

Aragon ha ispirato tutta la mia vita di addestratore e Animal Trainer, mostrandomi una visione del cavallo non necessariamente legata allo sport e all'agonismo. Se prima il pensiero di applicare il clicker training ai cavalli in tutta la fase di doma e addestramento partendo da pulerdi era solo una teoria, Aragon è stata la conferma che non solo è possibile, ma che le informazioni apprese con questo metodo stimolano le abilità cognitive e i comportamenti costruiti rimangono nel tempo. Ai tempi, non avevo confronti con nessun altro addestratore perché nessuno in Italia aveva mai proposto la doma tramite il clicker training, quindi è stato un lungo e articolato esperimento che mi ha portato a credere ancora di più nell'efficacia straordinaria di questo metodo

*che non solo insegna al cavallo cosa fare, ma anche come e
con quale qualità farlo. Inoltre, si innesca nel cavallo la
volontà di partecipare alle attività proposte e si dimostrerà
così attivo, propositivo e disponibile, più che passivo e
rassegnato.*

*Con Aragon abbiamo vissuto molte esperienze e mi ha
concesso veramente di tutto: dal far posare i miei pappagalli
in volo sulla sua groppa, al lavorare con i cani e il disc dog,
dalla monta classica alla libertà, dal prestarsi come
insegnante di equitazione e clicker training al fare volteggio
con bambini e ragazzi, dagli spettacoli agli stage, insomma,
un compagno, un collega e un amico affidabile, più che un
cavallo.*

4

ESERCIZI PRATICI PER IL CORRETTO UTILIZZO DEL CLKICER TRAINING

Nel prossimo capitolo vedremo l'utilizzo pratico del clicker, si raccomanda di seguire le indicazioni fornite sia dal testo sia dal video allegati, in modo da non incorrere in errori e dover poi correggere dei comportamenti sgraditi, o, peggio, convincersi che il clicker non funzioni.

La mia cara nonna diceva sempre:

"c'è un tempo per ogni cosa e ogni cosa a suo tempo".

10 semplici regole per applicare il metodo.

1. <u>METTITI IN CONDIZIONE DI NON SBAGLIARE</u>;

2. Prima di incominciare decidi COSA e COME insegnare;

3. Cambia il tuo concetto in INSEGNARE invece che pretendere o costringere:

4. Semplifica al massimo le richieste;

5. Dividi il lavoro in piccoli step;

6. Organizzati! Utilizza una tabella per le tue sessioni di lavoro;

7. Se insorgono incomprensioni riparti dallo step precedente;

8. Termina la sessione di lavoro quando il cavallo sta dando il meglio di sé;

9. Lavora per costruire non solo il comportamento, ma la qualità di esso;

10. Divertiti!

<u>EXERCISES:</u>

EX 4.1) <u>Come tenere in mano il clicker?</u>

Per evitare di fare confusione, visto che ci capiterà di dover tenere in mano molte altre cose insieme al clicker (longhina, target stick, premi, attrezzi ecc) teniamolo nella mano sinistra e la borsa dei premi sul fianco sinistro con il cavallo alla nostra destra. Teniamo l'elastico porta clicker tra il pollice e l'indice con il clicker posizionato sul palmo in modo che sia sempre pronto all'uso.

EX 4.2) <u>Associazione del click a uno stimolo.</u>

Utilizzeremo come stimolo carote, mele, biscotti o mangime per cavalli e inizieremo a lavorare fuori dalla porta del box o fuori dal paddock cliccando e dando un premio. Quello che ci interessa in questa prima fasa è che il cavallo associ il click a un premio, programmiamo dieci premi per dieci cliccate. Le ripetizioni sono soggettive e variano a seconda della risposta del cavallo e soprattutto dalla disponibilità di tempo del proprietario poiché non tutti abbiamo la possibilità di passare le giornate in compagnia del nostro cavallo. Non c'è un tempo prestabilito tra una ripetizione e l'altra, l'importante è che passi il tempo sufficiente per il cavallo per pensare ed elaborare quanto vissuto. Una o due volte al giorno è abbastanza. L'aspetto fondamentale è non avere fretta, il cavallo vi dirà certamente quando avrà associato al clicker uno stimolo. Lo vedrete attento, con le orecchie dritte e incalzante verso di voi e allora sarà pronto per passare allo step successivo.

N.B.: in questi primi passaggi ricordiamoci che non stiamo insegnando nulla, stiamo solo facendo degli esercizi in sicurezza che permetteranno al nostro cavallo di associare al click un premio.

EX 4.3) <u>Ricerca di una risposta prestabilita.</u>

Iniziamo ora a lavorare sull'emissione del comportamento: il cavallo incomincia a "fare" per sentire il click. Posizioniamoci sempre fuori dalla porta del box o furi dal paddock e utilizziamo la nostra mano aperta come target. Il target è in gergo un "bersaglio" cioè un punto preciso che il cavallo deve toccare (in questo caso con il naso) per sentire il click. Quando il cavallo ha toccato la nostra mano clicchiamo e diamo un premio. Importante: ogni volta che cliccate dovete dare un premio! Non abbiate fretta, specialmente all'inizio può capitare di essere impacciati ma dal click al premio possono passare anche cinque secondi, quindi avete il tempo per prendere il premio dalla tasca. Non lavorate con i premi in mano. Il cavallo all'inizio non sa che cosa volete che lui faccia pertanto cliccheremo l'approssimazione della risposta, quindi anche soltanto il fatto di guardare la vostra mano. Quello che non si deve fare assolutamente è andare con la mano verso il cavallo, chiamarlo o emettere suoni per attirare la sua attenzione, ma dovremo aspettare che in autonomia e ragionando, arrivi a capire che è la mano il target. Sicuramente il cavallo in breve verrà a toccarla: questo esercizio ci serve solo perché il nostro cavallo capisca che deve iniziare a emettere comportamenti per sentire il click. Come vedrete nel video, potrete aumentare i criteri di difficoltà.

EX 4.4) <u>Il Target Stick</u>

Il Target Stick sono bastoncini telescopici che si possono trovare in commercio e hanno già il clicker incorporato, in alternativa si possono utilizzare normali frustini o una qualsiasi bacchetta. Quello che faremo è presentare davanti alla zampa del nostro cavallo il Target Stick, quello che il cavallo dovrà fare per sentire il click è alzare l'arto e toccare la bacchetta. Quando lo farà cliccheremo e daremo un premio. Non è possibile generalizzare ossia se lavoro sull'anteriore sinistro il cavallo non impara già ad alzare anche il destro ma dovrò lavorare separatamente i due anteriori. Il primo step è quindi utilizzare un rinforzo fisso, il che significa che ogni volta che il cavallo tocca il target stick con l'anteriore sul quale stiamo lavorando, clicco e gli do un premio. Quando la risposta del cavallo sarà immediata, (timing) cioè il tempo che passa da quando gli presentiamo la bacchetta a quando lui la tocca con la zampa è pari a millesimi di secondo, significa che ha appreso quel comportamento e possiamo passare alla fase successiva: il rinforzo variabile. Il rinforzo variabile sta nel non cliccare ogni volta che il cavallo emette la risposta che desideravamo, ma avere uno schema: lo schema è fondamentale per costruire il comportamento correttamente e in maniera inequivocabile da parte del cavallo tramite. Lo schema è:

ALL'EMISSIONE DELLA RISPOSTA DESIDERATA (ad esempio alzare la zampa e toccare il target stick) CLICCO LE SEGUENTI RIPETIZIONI COME È SPIEGATO DETTAGLIATAMENTE NEL VIDEO "EX4.4"

1. **-ALLA TERZA RIPETIZIONE**
2. **-ALLA QUINTA RIPETIZIONE**
3. **-ALLA SETTIMA RIPETIZIONE**
4. **-ALLA PRIMA RIPETIZIONE**

Questo perché l'intento dell'addestramento è eliminare il rinforzo una volta che il comportamento è stato appreso, l'intento è quello di creare esercizi e routine sempre più complessi e articolati alla fine dei quali il cavallo riceve il premio.

Ora che abbiamo approfondito il corretto utilizzo del clicker, possiamo passare allo step successivo. Prima però, vi suggerisco di diversificare sempre i premi: fate in modo che il vostro cavallo non sappia mai che premio arriverà preparando nella vostra borsetta delle ricompense carote, mele, biscotti, mangime e tutto ciò che lui possa gradire.

5

UTILIZZO DEL CLICKER TRAINING NELL'AMBITO EDUCATIVO

Un altro aspetto molto interessante dell'utilizzo del clicker training è l'insegnamento di comportamenti che possono essere utili per la gestione e cura quotidiana del cavallo. L'utilità di questo potente mezzo, quindi, non è limitata al contesto addestrativo ma anche e soprattutto a quello educativo. Mediante l'utilizzo del clicker training sarà possibile insegnare al cavallo a tutta una serie di pratiche di routine come dare i piedi, lasciarsi pulire il muso e le orecchie ma anche lasciarsi spruzzare il repellente per gli insetti, indossare serenamente testiera e imboccatura eccetera. Ci sono casi in cui il cavallo conosce perfettamente tutte queste situazioni e si rifiuta di collaborare per paura, perché prova fastidio o per traumi pregressi. Chi di noi non si è affannato almeno una volta nel tentativo di somministrare un vermifugo o un medicinale per via orale, o non ha provato a inondare il cavallo di repellente per gli insetti in piena estate con questo che scappa e scarta come se lo stessimo pugnalando, o non ha sentito il maniscalco maledire il giorno in cui ha deciso di fare quel lavoro? Spesso ci si perde a spiegare al cavallo che non gli succede niente e che "è solo uno spray,

scemo!" senza ottenere alcun risultato... con clicker
training, invece, abbiamo la possibilità di potergli
spiegare realmente che non solo non gli succede
nulla ma che se collabora sarà vantaggioso per lui.

EX 5.1) La condotta

L'esercizio della condotta consiste semplicemente nel camminare, e più in generale nel muoversi insieme al cavallo, non si tratta di tirarlo per la capezza o fare in modo che ci segua, ma di insegnarli a stare in un punto preciso.

L'ideale è di tenere il cavallo all'altezza della propria spalla destra per più di una ragione: la prima è sicuramente che, dandogli un punto di riferimento preciso, al cavallo è più chiaro dove stare. Poi, avendolo accanto a noi, ci è possibile vederlo (cosa che non sarebbe fattibile se fosse dietro di noi), lavorando con un margine di sicurezza maggiore. Inoltre, nel caso in cui il cavallo si spaventasse o aumentasse l'andatura per qualsiasi ragione, se fosse dietro di noi rischierebbe di travolgerci, se fosse troppo avanti, oltre a trovarci "a tiro dei posteriori", sarebbe complicato provare a fermarlo visto che non avremmo nemmeno la possibilità di flettere il collo verso di noi.

Per impostare la condotta incominciamo a posizionarci all'altezza della spalla sinistra del cavallo e avanziamo, e, non appena il cavallo avrà accennato a compiere un passo, clicceremo e premieremo.

Presto il cavallo camminerà accanto a noi, gli step successivi saranno l'alt e i passi indietro. Iniziamo, mentre stiamo camminando con il cavallo, a fermarci e a cliccare e premiare quando il cavallo si ferma al suo posto vicino alla nostra spalla e poi con lo stesso criterio rinforziamo i passi indietro (come nel video EX5.1).

Vi suggerisco, le prime volte in cui eseguite una condotta, di lavorare accanto ad una staccionata o a un muro tenendo il cavallo tra voi e lo steccato. Questo perché può capitare che, soprattutto negli alt e nei passi indietro, il cavallo si metta storto, avendo un punto di riferimento visivo lo aiuterete a rimanere sempre dritto e accanto alla vostra spalla destra. Importante: non lavorate mai in una situazione in cui siete voi ad essere tra il cavallo e la recinzione.

EX 5.2) La gioia del maniscalco o del pareggiatore

Il cavallo, signore e signori, deve saper dare i piedi. Che sia ferrato o che non lo sia, che sia giovane, giovanissimo o anziano è importante proprio per la sua salute che ci permetta di controllargli gli arti e gli zoccoli in sicurezza e con serenità.

In gergo si usa dire che "il cavallo ha cinque cuori" non solo per sottolineare l'importanza, messa sullo stesso livello del cuore, di ogni arto, ma anche perché il piede svolge una funzione circolatoria generale che incrementa il ritorno venoso verso il cuore. Lo zoccolo, infatti, non è una struttura fissa e rigida ma è un organo elastico la cui espansione in appoggio viene definita elaterio. Stiamo parlando dunque di un organo essenziale per la salute del nostro cavallo e spesso anche abbastanza delicato, da qui la nostra esigenza di controllarlo e tenerlo pulito.

Per insegnare o reinsegnare al cavallo a pare i piedi, possiamo iniziare avendolo legato alla staccionata oppure ai due venti, ci avvicineremo con la mano, ad esempio, all'anteriore sinistro e non appena il cavallo accennerà a sollevare, spostare o anche solo togliere peso da quell'arto, cliccheremo e premieremo. Lo step successivo sarà tenere lo zoccolo nella mano per qualche secondo dopo i quali cliccheremo e premieremo. Con lo stesso criterio ci sposteremo poi sui posteriori. Se il cavallo anticiperà la risposta, cioè alzerà il piede prima di essere toccato, rinforzeremo questo comportamento cliccando e premiando (come da video EX 5.2).

EX 5.3) Il richiamo

A volte non è così scontato andare a riprendere il cavallo al paddock. Sia che viva con gli altri cavalli, sia che stia fuori di giorno e in box di notte, sia che venga liberato saltuariamente, non sempre tutti i soggetti si lasciano prendere. Per una questione di praticità e comodità, se insegniamo al nostro cavallo a venire quando lo chiamiamo risparmieremo notevole tempo e fatiche.

Per impostare il richiamo inizieremo da vicino dando un segnale chiaro, io suggerisco di alzare un braccio piuttosto che chiamarlo per nome per il semplice fatto che, se si dovesse trovare libero e molto distante da noi un segnale visivo è sicuramente più chiaro che le nostre grida. Il dettaglio importante sta nel cliccare mentre sta venendo da noi, non quando è già arrivato. In questo modo rinforzeremo esattamente il comportamento di venire, non il comportamento di essere fermo accanto a noi. Adesso inizia ad essere più chiaro il perché il clicker è così determinante: attraverso il clicker possiamo rinforzare un comportamento che il cavallo sta emettendo lontano da noi, l'azione di venire ovviamente parte da lontano e noi rinforzeremo esattamente quella. Successivamente, aumenteremo i criteri di difficoltà allontanandoci gradualmente sempre di più. I lettori più attenti, in questo momento staranno pensando: "si, ok, ma la libertà è uno stimolo altissimo per un cavallo, quindi può essere che dei miei premi non gli importi niente!" In effetti è proprio così, ed è per questo che quando insegneremo il richiamo al nostro cavallo utilizzeremo un escamotage detto comportamento autorinforzante. In pratica, quando il nostro cavallo sarà venuto da noi lasciandosi prendere, non solo lo premieremo con delle ricompense ma lo libereremo di nuovo senza sottrarlo a ciò che per lui è piacevole. Ricordiamo che un rinforzo è tutto ciò che è gradito all'animale. In questo modo, con un po' di pazienza e soprattutto costanza che è la chiave di ogni successo, otterremo che sia il cavallo a venire da noi di corsa e non viceversa.

Con questo QR Code avrai accesso al video esplicativo di tutti gli esercizi " EXERCISES" esposti nelle pagine precedenti. Sarà sufficiente inquadrare il codice con la fotocamera del tuo telefono per visualizzare il primo volume di esercizi. Ogni step è contraddistinto dal numero di esercizio di riferimento del libro, ad esempio "EX 4.2". Non mi resta che augurati buon lavoro!

CONCLUSIONE "CAMBIA IL TUO CAVALLO CON UN CLICK" VOL. I

Speriamo che questi spunti di lavoro siano stati gradevoli e facili da comprendere. Ci auguriamo che questo sia solo l'inizio, che sia solo la prima mossa di un lungo cammino che segni le Vostre vite e quelle che Vi capiterà di incontrare, esattamente come è successo a noi. Ve lo auguriamo con tutto il cuore!

Salvio e Erica

Segui le nostre pagine instagram per rimanere
sempre aggiornato!

@salvioannunziato

@erica.fru

@gulliver_sircus_academy

TABELLA DI LAVORO

Un lavoro impostato correttamente con il clicker training per l'insegnamento di esercizi anche molto complessi, giorno dopo giorno risulterà sempre più facile non in base all'intelligenza del cavallo ma in base alla bravura dell'addestratore. Rinforzando esattamente non solo il comportamento desiderato ma anche la qualità dello stesso, sarà semplice per il cavallo comprendere la richiesta e tanto più comprensibile è la richiesta tanto più chiara sarà la risposta dell'animale. Inoltre, non sarà necessario programmare dei giorni di riposo perché come anticipato, il clicker training usato correttamente e tenendo presente tutti gli accorgimenti, riduce al minimo i livelli di stress.

Per facilitare l'organizzazione delle tue sessioni di allenamento prendi nota dei tuoi progressi e pianifica i tuoi interventi! Le tabelle di lavoro esemplificative che abbiamo inserito potrebbero esserti utili.

COMPORTAMENTO DA COSTRUIRE:

....

GIORNO 1 ....../....../............

SESSIONE NUMERO	DURATA DELLA SESSIONE	NUMERO PREMI UTILIZZATI	NOTE

GIORNO 2 ....../....../............

SESSIONE NUMERO	DURATA DELLA SESSIONE	NUMERO PREMI UTILIZZATI	NOTE

GIORNO 3 ....../....../............

SESSIONE NUMERO	DURATA DELLA SESSIONE	NUMERO PREMI UTILIZZATI	NOTE

GIORNO 4 ....../....../............

SESSIONE NUMERO	DURATA DELLA SESSIONE	NUMERO PREMI UTILIZZATI	-+ NOTE

GIORNO 5 ....../....../............

SESSIONE NUMERO	DURATA DELLA SESSIONE	NUMERO PREMI UTILIZZATI	-+ NOTE

GIORNO 6 ....../....../............

SESSIONE NUMERO	DURATA DELLA SESSIONE	NUMERO PREMI UTILIZZATI	-+ NOTE

GIORNO 7 ....../....../............

SESSIONE NUMERO	DURATA DELLA SESSIONE	NUMERO PREMI UTILIZZATI	-+ NOTE